Eugène Müntz

Titien
et la formation
de l'École vénitienne

Essai

 Le code de la propriété intellectuelle du 1er juillet 1992 interdit en effet expressément la photocopie à usage collectif sans autorisation des ayants droit. Or, cette pratique s'est généralisée dans les établissements d'enseignement supérieur, provoquant une baisse brutale des achats de livres et de revues, au point que la possibilité même pour les auteurs de créer des œuvres nouvelles et de les faire éditer correctement est aujourd'hui menacée. En application de la loi du 11 mars 1957, il est interdit de reproduire intégralement ou partiellement le présent ouvrage, sur quelque support que ce soit, sans autorisation de l'Éditeur ou du Centre Français d'Exploitation du Droit de Copie, 20, rue Grands Augustins, 75006 Paris.

ISBN : 978-1718831568

10 9 8 7 6 5 4 3 2 1

Eugène Müntz

Titien
et la formation
de l'École vénitienne

Essai

Table de Matières

Section I	7
Section II	11
Section III	13
Section IV	22
Section V	29
Section VI	36
Section VII	42
Section VIII	46

Section I

Pas plus à Venise qu'à Florence ou à Milan, l'essor de l'art ne correspond à l'apogée de la vitalité ou de la richesse nationale. Depuis la prise de Constantinople, la puissance de la République vénitienne allait déclinant d'année en année ; les Turcs lui avaient déjà enlevé les plus opulentes de ses colonies de la Méditerranée, lorsqu'elle perdit ce monopole du commerce des Indes qui avait si longtemps fait la principale source de sa prospérité. Sa suprématie politique ou commerciale compromise, la cité des doges ajouta du moins, par la culture des arts, un nouveau fleuron à sa couronne, tandis que les trésors accumulés par ses rivaux les Portugais à Lisbonne ou à Oporto ne profitèrent en rien à la cause de Tari, de la littérature, de la science, de la civilisation. Ce fut, en effet, au moment précis où Venise vit son étoile pâlir sur les mers que se leva, sur ses églises et ses palais, l'aurore d'un art nouveau.

Pour saisira son point de départ l'évolution de l'Ecole vénitienne, il nous faut remonter au dernier tiers du XVe siècle, époque à laquelle, que l'on envisage soit l'architecture, soit la sculpture, soit la peinture, on ne découvre qu'un mélange d'éléments disparates, — byzantins, arabes, gothiques, classiques. Selon les quartiers, on pouvait se croire au Mont-Athos, au Caire, à Bruges, à Nuremberg ou à Florence, quand encore un même édifice ne rassemblait pas en lui seul les traits communs aux nationalités les plus diverses. A ce moment psychologique, — mettons qu'il corresponde à l'année 1475, — les artistes vénitiens se trouvaient comme à un tournant, également prêts à prendre n'importe quelle direction. L'arrivée de Mantegna les eût fait dévier du côté des Padouans et de l'antiquité ; celle du Pérugin, du côté des Ombriens ; celle de Botticelli ou de Ghirlandajo, du côté des Florentins.

Le hasard voulut que les chefs du mouvement, les frères Bellin, se rattachassent à la fois à la primitive Ecole de Murano, avec ses convictions profondes, son coloris éclatant ; à l'Ecole de Padoue, l'école classique par excellence, représentée par leur père Jacopo Bellini et leur beau-frère, le grand Andréa Mantegna ; enfin à l'École flamande, dont Antonello de Messine venait de propager les principes à Venise. Comme ces facteurs en apparence contradictoires sont entrés pour une part plus ou moins considérable dans la formation de l'Ecole vénitienne, il importe avant tout de les passer rapidement en revue.

Tributaires des Byzantins pour la mosaïque, les Vénitiens le furent des Flamands pour la peinture à l'huile. D'innombrables liens rattachaient Venise à Bruges et à Anvers, sans rien dire de Cologne, de Nuremberg ou d'Augsbourg. Tantôt, c'était « Johannes de Alemania » qui venait se fixer à Murano et fondait avec Antonio Vivarini la primitive Ecole vénitienne ; tantôt, c'était Jacopo de Barbari qui, cédant à des affinités électives, se fixait à Nuremberg d'abord, dans les Flandres ensuite ; tantôt enfin, c'était Albert Dürer, qui tentait la fortune dans la cité des Doges. Si l'on tient en outre compte de l'importation des tableaux flamands, des tapisseries flamandes, des gravures allemandes, on s'expliquera sans peine la multiplicité des analogies entre l'École vénitienne et les Ecoles du Nord, sa passion pour la couleur et son goût, non moins accusé, pour un réalisme qui n'excluait d'ailleurs pas la mysticité.

C'est à ces influences septentrionales qu'il faut tout d'abord faire honneur des progrès réalisés par les Vénitiens dans l'art du portrait : plus d'une des effigies peintes par Antonello de Messine ou les Bellini serait signée de Thierry Bouts, de Memling ou de Hugo van der Goes qu'elle ne détonnerait pas dans l'œuvre de ces maîtres : la précision et la vigueur n'y sont pas moindres.

Dans la peinture d'histoire ou la peinture de genre, les réminiscences flamandes ne sont pas moins sensibles. Le chef-d'œuvre de Carpaccio, l'*Histoire de sainte Ursule*, pourrait tout aussi bien avoir été peint à Bruges qu'à Venise. Giorgione lui-même, le novateur par excellence, a parfois rendu nommage aux Flamands. On en jugera par ce trait : Jean van Eyck avait peint pour le cardinal Octavien un *Bain de femmes*, dans lequel, à l'aide d'un miroir réfléchissant son image, il avait montré une des baigneuses à la fois de face et de dos. Or, qu'entreprit Giorgione ? De peindre une figure nue entre deux miroirs et une fontaine, de telle sorte qu'elle se montrait dans le tableau de dos, dans la fontaine de face et dans les miroirs de profil. Les données du problème ne sont-elles pas identiques ?

Il n'y eut pas jusqu'au Titien qui ne réclamât parfois le concours de ces hôtes du Nord. Ayant à peindre une *Fuite en Egypte*, il prit chez lui plusieurs peintres flamands (Vasari dit *tedeschi*), qui excellaient, comme on sait, dans la représentation de la verdure et du paysage. Quelque incroyable que paraisse cette assertion, il faut bien ajouter foi au témoignage d'un contemporain aussi bien informé que l'était Vasari. Ainsi voilà un esprit synthétique tel que le Titien, habitué à voir les choses en grand, dans leur ensemble, et qui ne dédaigne pas de demander des leçons à ces analystes à outrance !

Mais il y avait autre chose encore que les relations fortuites créées par le commerce dans ces analogies entre la peinture flamande et la peinture vénitienne. A Venise, Taine l'a démontré dans ses pages étincelantes sur la cité des Doges, le sens de la vision rencontre un autre monde : « Au lieu des teintes fortes, nettes, sèches, des terrains solides, c'est un miroitement, un amollissement, un éclat incessant de teintes fondues qui font un second ciel aussi lumineux, mais plus divers, plus changeant, plus riche et plus intense que l'autre, formé de tons superposés dont l'alliance estime harmonie. » Ce n'est point, à coup sûr, un effet du hasard si à Venise, à Bruges ou à Amsterdam, les peintres ont vu de même, ici, la couleur éblouissante du Midi, là les brumes lumineuses du Nord.

Autant le milieu vénitien se prêtait à l'assimilation des éléments germaniques, — dont il ne devait d'ailleurs pas tarder à corriger la vulgarité en y substituant la distinction et l'ampleur, — autant il se montrait réfractaire à la propagande classique. De tout temps Venise manqua de cette solide et généreuse éducation sur laquelle s'appuyait la civilisation du reste de l'Italie. Point d'université (le centre universitaire le plus rapproché se trouvait à Padoue), point d'encouragements officiels aux sciences ou aux lettres. Quoique Pétrarque et Bessarion eussent légué à la République vénitienne leurs précieuses collections de manuscrits ; quoique Cosme de Médicis l'eût dotée d'une superbe bibliothèque, construite sur les plans de Michelozzo ; quoique l'imprimerie y eût rapidement pris racine, à peine quelques patriciens se livraient-ils à l'étude en guise de délassement. Aux approches du XVIe siècle seulement, le Florentin Aide Manuce et Bembo provoquèrent une certaine agitation.

Dans son ingénieuse et suggestive étude sur *Averroès et*

l'averroïsme, Ernest Renan affirme que la renaissance des lettres ne fut pas étrangère à l'essor de l'Ecole vénitienne. Tandis que l'hellénisme, déclare-t-il, se manifestait à Florence par un retour vers Platon, il s'annonçait à Padoue, à Venise et dans le nord de l'Italie par le retour au texte vrai d'Aristote. Et plus loin il ajoute que l'art vénitien, « fidèle à ces prémisses, se distingue non par la recherche de l'idéal, mais par la fermeté de l'action. » Il semblerait effectivement que nulle cité ne dût mieux se prêter à l'essor des facultés critiques. Venise était le dernier asile de la liberté de penser. Les presses des Alde, des Giunti, défrayaient d'in-octavo le reste de l'Italie, on serait tenté de dire le reste du monde. Nulle part ailleurs l'Inquisition n'eut à compter avec une résistance aussi opiniâtre. Au nom des droits imprescriptibles de la pensée, l'Arétin y trouvait un refuge au même titre que Fra Paolo Sarpi, l'audacieux historien du concile de Trente.

Mais malgré mon admiration pour l'illustre érudit et penseur, il m'est difficile de m'associer à ses conclusions. Ce qui dominait dans l'état d'âme des Vénitiens, abstraction faite de l'énergie qu'ils apportaient dans leurs entreprises politiques ou commerciales, c'était la mollesse et l'indolence ; et, de même, ce qui domine dans leurs œuvres d'art, c'est tantôt le lyrisme, tantôt la fantaisie. Rien de plus flottant d'ordinaire que l'action dans les compositions soit du XVe, soit du XVIe siècle ; chez les peintres de l'Ecole de Murano aussi bien que chez Jean Bellin, elle pèche régulièrement par l'indécision ou même par l'invraisemblance. Ces maîtres se plaisent à juxtaposer des personnages plus ou moins graves, sans chercher à les relier à l'aide d'une donnée commune, d'un mutuel intérêt. Mais si nous nous attachons aux œuvres de Giorgione, des Palma, de Bonifazio, c'est encore bien pis : nous nous trouvons en face d'impressionnistes, étrangers atout ce qui constitue la vie réelle ou l'observation objective.

Proclamons-le hautement : pour triompher de l'hostilité ou de l'indifférence à l'égard des leçons de l'antiquité, ces leçons qui se traduisaient partout par la netteté et la précision, il eût fallu l'intervention d'un artiste de génie tel que Mantegna. Or, l'idéal des frères Bellini était bien ailleurs.

Section II

Rien de plus honorable, je devrais dire de plus héroïque, que la vie de Jean Bellin. Ce fut une lutte de tous les instants. Elevé à l'école des austères peintres de Murano, encore à demi byzantins, il éprouva des peines infinies, tout comme son jeune ami Albert Dürer, à atteindre à l'ampleur et à l'harmonie. Trop souvent ses figures demeurèrent maigres, son groupement heurté. Où il triomphe, c'est dans les scènes calmes et sereines : la Vierge regardant avec tendresse l'enfant Jésus, lui apprenant à marcher sur une balustrade (musée du Louvre), ou encore recevant l'hommage de saints groupés autour d'elle, les uns qui la contemplent avec vénération, les autres qui se livrent à de graves entretiens ; d'où probablement le titre de *Santa Conversazione*, Sainte Conversation, donné à ce genre de tableaux.

Quelle est donc en dernière instance, me demandera-t-on, la part contributive de Jean Bellin dans la constitution d'une Ecole spécifiquement vénitienne ? Se serait-il borné d'aventure à s'assimiler les conquêtes réalisées soit par les Flamands, soit par les Muranistes ? Ce rôle d'intermédiaire et d'appropriateur est en effet celui dont il s'est le plus utilement acquitté. Il a réussi à se faire une palette, sinon plus chaude, du moins plus vibrante que celle des Ombriens, tout en conservant un fonds de fermeté qu'il devait peut-être aux enseignements de son père et de son beau-frère. Mais, malgré ce *labor improbus*, malgré un effort qui se renouvela périodiquement jusqu'au dernier jour de sa longue carrière, malgré d'incontestables conquêtes, ce vaillant ancêtre conserva toujours quelque chose de sec, de timoré, d'archaïque.

Ce que serait devenue la peinture vénitienne sans l'apparition de novateurs de génie, les œuvres d'une série d'élèves de Bellin, — Cima da Conegliano, Carpaccio, Marco Basaiti, Vincenzo Catena et divers autres, — nous l'apprennent surabondamment. Jetons, à titre de contre-épreuve, un coup d'œil sur ces artistes incontestablement très distingués.

Le pur et suave Giovanni-Battista da Comegliano (ville des environs de Trévise), plus connu sous le nom de Cima da Comegliano, dont les ouvrages s'échelonnent de 1489 à 1508 environ, est la plus pure émanation de Jean Bellin. Il semble n'être jamais sorti du domaine de la peinture religieuse, peignant avec amour des *Madones*, des *Saintes Conversations*, des *Saints*, dans des attitudes calmes et recueillies, l'*Incrédulité de saint Thomas, Tobie et l'Ange*; il s'est attaqué plus rarement à des scènes impliquant un certain mouvement : la *Nativité*, le *Baptême du Christ*, la *Pietà*. Mais quelle candeur et quel charme n'y déploie-t-il pas ! Que de recueillement dans les figures, quelle limpidité dans le coloris, quelle poésie dans les paysages empruntés aux montagnes du Frioul, quelle distinction de pensée et de style ! En un mot, comme l'idée est assimilée et mûrie !

A l'encontre de Cima, Carpaccio est avant tout une nature profane, à la façon de Gentile Bellini. Pour donner sa mesure, il a besoin d'une brillante mise en scène, de costumes pittoresques, de riches accoutrements, je dirai presque de clinquant et de panaches. Observateur vif et spirituel, très habile arrangeur, on peut ajouter peintre de race, il ne se plaît qu'au genre descriptif ou narratif : se concentrer n'est pas son fait, ni s'affliger non plus ; il l'a bien montré dans son *Massacre des dix mille chrétiens*, peint en 1515 (à l'Académie des beaux-arts de Venise). Impossible de ressentir moins d'émotion et de montrer plus d'ennui. Le spectacle de ces supplices horribles, — corps cloués sur des croix, attachés par les poignets à des arbres ou criblés de flèches, — nous révolte parce qu'il a été composé à froid. Carpaccio a en outre échoué, lui l'habile coloriste, dans sa tentative pour relier ces épisodes ; ils forment autant de tableaux détachés, sans lignes d'ensemble et presque sans perspective.

A ces maîtres, dont plus d'un prolongea son existence jusque dans le second tiers du XVIe siècle, il est intéressant d'opposer leur contemporain et émule Lorenzo Lotto. Je ne connais pas d'exemple plus saisissant de la métamorphose d'un Primitif en un champion de l'Age d'or. Ses premiers tableaux, notamment le *Saint Jérôme* du Louvre, ont toute la fermeté et toute la précision des quattrocentistes ; ses derniers, toute la souplesse, toute la morbidesse d'un art parvenu à son apogée. Quelle force d'abstraction Lotto ne devait-il pas posséder pour faire ce brusque retour sur lui-même ! Il n'était guère plus jeune que les autres sectateurs des Bellin, puisqu'en 1500 il peignait déjà le tableau du Louvre, et cependant son évolution fut si complète qu'il se présente à nous sous deux faces en apparence inconciliables et contradictoires, et qu'à tout instant nous nous demandons si nous n'avons pas affaire à deux artistes différents.

Section III

Jean Bellin peignait encore comme avaient peint les Primitifs, que déjà, depuis un certain nombre d'années, Giorgione, Sebastiano del Piombo, ce Vénitien devenu Romain, et le Titien avaient réalisé les miracles que l'on sait, qu'ils avaient uni, à la chaleur du coloris, la liberté de l'ordonnance ou l'éloquence des expressions.

Quelle vision de gloire et d'infortune n'évoque pas ce nom de Giorgione ! Giorgio Barbarelli, surnommé *il Giorgione*, c'est-à-dire le grand Georges, eu raison de sa haute stature, naquit à Castelfranco, sur le territoire de Trévise, en 1477 ou 1478 (date révoquée en doute, mais sans fondement, à mon avis, par MM. Crowe et Cavalcaselle). De même que Léonard de Vinci, il eut pour mère une paysanne ; son père, au contraire, Jacopo Barbarelli, appartenait à une famille noble, qui ne dédaigna pas, après la mort de l'artiste, de revendiquer pour elle la gloire de celui qu'elle avait refusé de reconnaître de son vivant, et qui donna place à ses cendres dans la sépulture héréditaire. Les manières de Giorgione annoncèrent de bonne heure une nature d'élite. Elevé à Venise, il ne tarda pas à briller dans la société, grâce à l'habileté avec laquelle il jouait du luth. On se rappelle que Léonard de Vinci, Sebastiano del Piombo et tant d'autres peintres durent également une partie de leur succès à leur talent de musicien.

En même temps que la musique, Giorgione, heureusement pour sa gloire, cultivait le dessin. Il fit ses premières armes sous la direction de Jean Bellin, mais ne tarda pas à voler de ses propres ailes. En comparant ses ouvrages à ceux de son maître, on est bien plus frappé des dissemblances que des analogies. Autant il y a de minutie dans les toiles de Bellin, autant il y a d'indépendance, on serait tenté de dire de désinvolture, dans celles de son élève. Giorgione parvint, — c'est un contemporain qui s'exprime ainsi, — « à mettre tant de morbidesse dans son coloris, à rendre ses ombres tellement vaporeuses, que, de l'aveu unanime, il fut jugé le peintre le plus capable d'animer les figures et d'imiter la fraîcheur des chairs. »

Avec de telles préoccupations, la pratique du dessin, cette pratique encore si chère aux deux frères Bellin, qui nous ont laissé des études non moins poussées que celles des Florentins, ne pouvait que péricliter. Giorgione avait pour principe que procéder à l'aide des couleurs seules, sans tracer d'abord un croquis sur le papier, était le vrai et le meilleur moyen de dessiner. Le Titien abonda dans le même sens : en dehors d'un petit nombre de dessins à la plume, d'une précision et d'une impétuosité incomparables, ses essais en ce genre sont hâtifs et sommaires ; une esquisse trop arrêtée l'aurait évidemment gêné au moment où il prenait en main le pinceau ; elle l'eût empêché de fondre avec tant de souplesse les détails dans l'harmonie générale. Moins encore que le Titien, Paul Véronèse éprouva le besoin de fixer sa pensée par un certain nombre de traits préliminaires : ce ne fut qu'en courant, sans amour, qu'il crayonnait quelque bout de figure ou de décoration.

Qu'arriva-t-il ? C'est que, si, au temps des Primitifs, le détail l'avait emporté sur les effets d'ensemble ; si, pendant la période que j'appelle l'Age d'or, les deux facteurs s'étaient équilibrés dans une juste mesure, pendant la dernière période de la Renaissance, la recherche des effets d'ensemble fit complètement sacrifier le détail : à peine si, de loin en loin, dans les plus belles pages des Vénitiens, une figure, une tête mériterait d'être découpée.

Les cas de génération spontanée sont rares dans les annales de l'art : sans prétendre découvrir un précurseur à tout homme de génie, la science moderne s'est appliquée fort sagement à démêler ce qui peut être hérédité inconsciente ou entraînement raisonné. Malgré les hautes qualités de Giorgione, nous devons donc nous demander si le signal de la révolution à laquelle il a attaché son nom n'est point parti de plus haut encore, d'une intelligence encore supérieure à la sienne, d'un génie encore plus vaste. La part des Flamands une fois faite (et nous leur avons donné bonne mesure), n'est-il pas naturel de rechercher, dans la haute Italie même, l'initiateur, du cerveau duquel a pu jaillir l'étincelle qui a enflammé à son tour la jeune imagination de Giorgio Barbarelli ?

Il est de bon ton aujourd'hui chez les historiens d'art de nier tout ce qui a été affirmé par un juge compétent s'il en fut, par le contemporain de tant de grands artistes, artiste distingué lui-même, j'entends parler du brave Vasari, le fondateur de l'histoire de l'art. En cela ils sont guidés uniquement, non par le désir de faire avancer la science, — c'est le moindre de leurs soins, — mais par celui de faire montre de leur propre perspicacité. J'avais de longue date été frappé de ce passage : « Giorgione avait vu quelques ouvrages de la main de Léonard, ouvrages excessivement enfumés et poussés au noir. Cette manière lui plut tant, qu'il la suivit sa vie durant et l'imita grandement dans la peinture à l'huile. » A cette information si précise, que répond M. Morelli, le chef de l'école hypercritique qui a tant fait parler d'elle pendant un temps en Allemagne ? « Le récit de Vasari, que Giorgione aurait puisé dans les peintures de Léonard de Vinci le secret de sa nouvelle manière de peindre, n'est qu'une des nombreuses légendes issues d'un patriotisme de clocher. Où Giorgione aurait-il vu de son temps à Venise des tableaux de Léonard ? »

J'admire cette façon péremptoire d'affirmer et de nier. Ah ! si M. Morelli, au lieu d'avoir été un Suisse naturalisé Italien, avait eu la France pour patrie, que de sarcasmes ne lui aurait-on pas prodigués, de quelle légèreté ne l'aurait-on pas taxé ! Comment ! il soutient que Giorgione n'a jamais eu l'occasion de voir de peintures de Léonard, alors que nous savons par d'indiscutables témoignages que le fondateur de l'Ecole milanaise a séjourné à Venise pendant les premiers mois de l'année 1500, alors que cette poursuite ardente du clair-obscur et du relief forme précisément le trait dominant des deux maîtres ?

Venise d'ailleurs est-elle si éloignée de Milan, les relations entre les deux cités étaient-elles si rares à cette époque, que les originaux du Vinci ou des copies de ces originaux n'aient pas pu tomber sous les yeux de Giorgione ? Un des meilleurs élèves du grand peintre florentin, Andréa Solario, n'avait-il pas fait, dès 1490, un séjour prolongé dans les lagunes ? Bien plus, en remontant plus haut encore, le maître ou plutôt le compagnon d'armes de Léonard, le grand sculpteur florentin Andréa Verocchio, n'avait-il point passé des années à Venise pour y modeler la célèbre statue équestre du Colleone ? Son enseignement y aurait-il passé inaperçu ? Si Vasari se trompe quant aux dates, en rattachant à une discussion avec Verocchio l'exécution du tableau dans lequel Giorgione, comme il a été dit, montra une figure sous trois aspects différents (Giorgione ne comptait qu'une dizaine d'années au moment de la mort de Verocchio), il a raison quant à l'influence même exercée à Venise par l'auteur du Colleone.

Il serait facile, je crois, de découvrir d'autres analogies encore entre les deux maîtres et, partant, une preuve de plus de l'action exercée par le plus âgé sur le plus jeune, quelle que soit au reste la différence entre leurs palettes. Nous savons, grâce aux documents découverts par M. Luzio, que Giorgione peignit dans ses dernières années deux tableaux *della Notte*, c'est-à-dire avec des effets de nuit. Or, dans l'enseignement qu'il donnait à son académie depuis près de quatre lustres, Léonard avait fait la place la plus large aux recherches sur la lumière et sur l'ombre, notamment sur le clair-obscur (*il chiaro e l'oscuro*), qu'il déclare former, de concert avec les raccourcis, *la eccellanza della scienzia della pittura*. (*Traité de peinture*, paragraphe 671.)

La biographie de Giorgione tient en peu de lignes : rien de plus uni ni de plus facile jusqu'à la catastrophe qui arrêta si brusquement une carrière qui promettait d'être si brillante. Mais que de réflexions ne suggère pas l'étude de son œuvre ! Et tout d'abord, avant d'entrer dans la discussion de ces peintures aujourd'hui si recherchées, je dois en signaler l'extrême rareté. Une demi-douzaine de tableaux authentiques, voilà, ou peu s'en faut, à quoi se réduit l'œuvre de Giorgione. Quand j'aurai cité, à Castelfranco, *la Vierge entre deux Saints* ; à Venise, dans la galerie Giovanelli, *la Famille de Giorgione* ; à Florence, *le Jeune Moïse faisant l'épreuve du feu*, *le Jugement de Salomon* (et encore celui-ci est-il discuté), et *le Concert* ; puis au Louvre, *le Concert champêtre*, dont MM. Crowe et Cavalcaselle contestent l'authenticité ; au musée de Vienne, *les Trois Philosophes* ; au musée de Berlin, un portrait de jeune homme, j'en aurai épuisé la liste. Les autres tableaux, soit sujets religieux, soit allégories, soit portraits, sont, en effet, tous trop douteux ou trop ruinés pour servir de points de repère.

Giorgione débuta, comme son maître Jean Bellin, par des tableaux de sainteté. A ce moment, il se conformait encore sur certains points aux traditions des Primitifs, tout en essayant de s'affranchir sur d'autres de toutes entraves. C'est ainsi qu'il proscrivit impitoyablement les fonds d'architecture : ces lignes savantes et inflexibles, qui supposait, il faut bien l'ajouter, une grande somme de connaissances positives, telles que la perspective linéaire, répugnaient à son génie libre et indolent.

Les deux tableaux du palais Pitti, que l'on range parmi les productions les plus anciennes de Giorgione, *Moïse enfant soumis à l'épreuve du feu* et *le Jugement de Salomon*, sont exactement conçus dans les données du quattrocento. L'artiste y a mêlé les costumes turcs aux costumes italiens du temps : il a coiffé Pharaon d'un turban et habillé ses esclaves de chausses collantes. Comparez ses figurines, juxtaposées plutôt que groupées, élégantes et piquantes, à *la Cour d'Isabelle d'Este*, de Costa, l'habile peintre ferrarais, exposée au Louvre, le principe est le même : laisser là les draperies classiques, tout comme les types de convention, pour s'attacher uniquement aux modes contemporaines ; renoncer à toute recherche de la couleur locale, aux scènes savamment rythmées ; en un mot remplacer la peinture d'histoire par la peinture de genre. Ce qui est déjà digne d'admiration dans ces tableaux, c'est le paysage, vigoureux, chaud, lumineux : toutes les conquêtes qui seront réalisées postérieurement s'y trouvent en germe.

La Vierge trônant entre saint Libéral et saint François d'Assise (peinte en 1504 pour l'église de San-Liberale à Castelfranco, où elle se trouve encore), marque un pas de plus. Au centre, la Vierge, assise sur un trône excessivement élevé et privé de marches, de sorte que l'on ne comprend pas comment elle a pu y monter ; sur la base du trône, le tapis oriental de rigueur ; un autre tapis, dont l'extrémité est coupée par le cadre du tableau, forme baldaquin derrière la Vierge. Au pied du trône, debout, se faisant pendant, les deux saints. Au fond, un mur, par-dessus lequel on découvre un lac. Ce sont bien là encore, on le voit, les données des quattrocentistes, leur simplicité, leur amour de la régularité, le souci de ces arêtes fixes destinées à soutenir une composition. Mais que les formes sont déjà généreuses, la facture déjà large et souple ! Le cadre est resté le même, mais combien le contenu n'a-t-il pas changé !

Dès lors, de même que le Vinci, Giorgione prend plaisir à dépouiller les acteurs de l'histoire sainte de leurs attributs, de leurs costumes, de leurs types traditionnels. Seulement, au lieu de les présenter sous les traits de ses contemporains, comme l'auraient fait par exemple ses compatriotes Gentile Bellini ou Carpaccio, il les transforme en figures idéales, vivant dans un inonde à pari, loin des villes, au milieu d'une nature sans fard. Même dédain pour tous les accessoires de l'accoutrement ou du mobilier, détails d'autant plus appréciés des Primitifs qu'ils leur permettaient de renforcer la tenue ou l'intérêt de leurs compositions. Adieu désormais les brocarts et les damas, les riches bijoux, les armes artistement ciselées, les aiguières, les incrustations de marbres : il n'y a plus place que pour l'homme seul en face de la nature, et quand je dis l'homme, je devrais ajouter l'homme primitif, l'homme idéal, clans un costume qui tient de l'antiquité plus que du XVIe siècle, quand encore le maître ne prend pas résolument le parti de supprimer toutes les inventions de la civilisation et de faire paraître ses personnages dans le plus simple appareil.

Le besoin de s'affranchir éclate jusque dans des détails de l'ordre matériel : les peintres de Murano et les Bellini, leurs disciples immédiats, s'étaient plu, dans leur esprit d'ordre, à revêtir leurs œuvres de dates et signatures. Comme ces précautions semblent dorénavant surannées ! Giorgione n'a pas signé une seule de ses peintures, convaincu que l'excellence de l'exécution suffirait pour révéler la main de l'exécutant. Mais c'est surtout si l'on s'attache à la conception des sujets que le novateur prend plaisir à fouler aux pieds toute tradition.

Il fut le premier dans cette voie, mais il ne fut pas le seul. Autant, jusque vers le milieu du XVe siècle, ses compatriotes avaient montré d'attachement pour l'iconographie sacrée, en dignes héritiers des Byzantins, autant ils mirent tout à coup d'ardeur à sacrifier symboles et attributs. Ces émancipations tardives sont d'ordinaire les plus radicales. Bientôt certains d'entre eux traitèrent les sujets consacrés par une vénération séculaire avec une liberté, je devrais dire une frivolité, dont rien n'approche. Que d'innovations dans leur manière de présenter aux fidèles les scènes de la vie du Christ, de la Vierge, des martyrs ! Nous assistons tour à tour aux efforts tentés pour renforcer l'émotion chez les spectateurs (en 1531, le marquis Frédéric de Mantoue demanda au Titien de lui peindre une Madeleine *lacrimosa più che si pùo*), à des applications trop pratiques, ou à un dédain profond vis-à-vis de toute propagande religieuse : la théorie de l'art pour l'art ne l'emporte que trop souvent sur la tradition iconographique, sur les règles élaborées avec tant de scrupules par les trecentistes, Giotto en tête, puis reprises et réformées avec tant d'intelligence par Raphaël.

De même que l'histoire sainte, la mythologie ou l'histoire romaine fournirent à Giorgione le prétexte de compositions dont les qualités techniques faisaient à coup sûr le principal prix. Il peignit une *Vénus couchée dans un paysage*, en compagnie d'un Cupidon tenant un oiseau, une *Naissance de Paris*, la *Rencontre d'Enée et d'Anchise aux enfers*, et une infinité de scènes analogues destinées surtout à la décoration des coffres de mariage.

Bientôt, toutefois, les tableaux de genre, dans lesquels il se sentait mieux à l'aise, des concerts, des idylles, reléguèrent dans l'ombre les dieux, les héros, ou les saints. C'est que, chez Giorgione, non moins que chez le Titien, il faut sans cesse, pour employer les expressions de M. Lafenestre, « faire la part au lyrisme ardent et vague d'une belle jeunesse enivrée de vie, d'amour et de beauté. » Le premier, Giorgione peignit des scènes qui ne tenaient ni de la religion, ni de la mythologie, ni de l'histoire, ni de l'allégorie, quelque chose comme des romans ou des nouvelles ; et ces scènes, il les traita dans les dimensions et dans le style jusqu'alors réservés à la peinture historique. A cette catégorie d'ouvrages appartiennent *les Trois Astrologues* du musée de Vienne, *la Famille de Giorgione* de la galerie Glovanelli, à Venise, *le Concert* du palais Pitti, et *le Concert champêtre* du Louvre.

Les peintures monumentales de Giorgione se distinguèrent par la même indépendance. Dans la décoration de l'Entrepôt allemand de Venise, le *Fondaco dei Tedeschi* (le monument, incendié en 1505, fut reconstruit en 1506 ; les peintures de Giorgione étaient terminées en 1508), il représenta, au rez-de-chaussée, des cavaliers isolés dans des niches, et, sur la frise, des figures nues, des têtes et des trophées. Mais si ces compositions abondaient en motifs superbes et en tours de force, on y cherchait en vain des idées claires, une action logiquement déduite. Vasari déjà se récrie sur un tel abus de la fantaisie. Ses critiques, qui s'appliquent d'ailleurs en partie aux fresques peintes par le Titien sur le même édifice, obtiendront l'assentiment de tout juge impartial. « On ne retrouve dans cet ouvrage, déclare-t-il, aucun sujet traité avec ordre, ni aucun sujet se rapportant aux actions de n'importe quel personnage célèbre ancien ou moderne. Pour ma part, je ne l'ai jamais compris, et jamais, malgré toutes mes investigations, je n'ai découvert quelqu'un qui le comprît. En effet, on y remarque, ici une femme, là un homme, dans les attitudes les plus diverses, l'un ayant à côté de lui une tête de lion, l'autre un ange en guise de Cupidon, sans que l'on sache pourquoi. Sur la porte principale qui conduit à la *Merzeria*, on voit une femme assise, ayant au-dessous d'elle la tête d'un géant mort, à peu près comme une Judith. Cette femme lève la tête avec l'épée et parle avec un Allemand qui est dans le bas : je n'ai pu m'expliquer ce que le peintre a voulu représenter, sinon peut-être une allégorie de l'Allemagne. »

Si l'idée tient si peu de place dans l'œuvre de Giorgione, en quoi consistent donc les innovations qui lui ont valu l'immortalité ? Tout d'abord dans son culte pour les beautés simples et naturelles, ainsi que dans son ardent amour de la campagne. Laissant aux autres la reproduction des types, des costumes, des monuments de cette ville si artificielle qui s'appelle Venise, il évoque un monde à part, de superbes corps nus, des sites frais et calmes. Comment expliquer ce contraste ? Pourquoi Giorgione, l'idole de la haute société vénitienne, le joueur de luth à la mode, et comme un précurseur de don Juan, prend-il ainsi en horreur et ses concitoyens, et leurs palais, et Venise avec ses canaux, sa foule bariolée ; pourquoi se réfugie-t-il à tout instant au milieu des champs, loin de l'agitation et de la corruption des villes ? Cette âme vibrante n'aurait-elle pas reçu quelque blessure secrète ?

Assurément, depuis plusieurs années déjà, l'*Arcadia* de Sannazar (1502) avait remis à la mode l'églogue et la pastorale, les bergers, les brebis, les pâturages. Mais que ces Tityres et ces Galatées sont raffinés, quintessenciés, artificiels en un mot, comparés aux fraîches et vivantes évocations du peintre vénitien ! Chez le poète napolitain, les réminiscences classiques nuisent à tout instant à la spontanéité de l'inspiration ; chez Giorgione, on sent que le contact s'est fait sans intermédiaire.

La plus complète des compositions arcadiques de Giorgione orne le Salon carré du Louvre, où elle tient dignement sa place à côté des Corrège, des Titien, des Véronèse. Ne vous creusez pas la cervelle pour découvrir la signification du *Concert champêtre* :

vous perdriez votre temps. Dans cette idylle à l'antique, le sujet ne compte pour rien, car à un rêveur tel que Giorgione tout prétexte est bon : le but qu'il se propose c'est de charmer les regards par de belles figures nues qui se prélassent dans un beau paysage. Ces figures, il les prodigue sans nécessité, souvent sans vraisemblance. Dans le tableau connu sous le titre de *la Famille de Giorgione*, n'a-t-il pas présenté une jeune mère qui n'a pour tout vêtement qu'un mantelet jeté sur les épaules ? N'était sa nudité, on la prendrait pour une sainte Vierge ; et qui sait si telle n'était pas l'intention de l'artiste ? car à cette époque nulle licence n'était plus faite pour effrayer un Vénitien. Mais revenons au chef-d'œuvre du Louvre. Il a pour cadre un paysage accidenté et pour acteurs quatre personnages : deux hommes en costumes du temps, assis à terre, l'un jouant de la mandoline, et deux femmes, des figures tout d'une pièce, un peu lourdes, un peu paysannes, l'une qui se montre de dés et tient une flûte, l'autre, à demi nue, debout près d'une fontaine. Au fond, un berger veille sur un troupeau. Rien de plus simple et rien de plus saisissant. Il n'appartient qu'aux natures d'élite de dédaigner à ce point tout calcul pour s'attacher à une impression. Par le calme, par la grande tournure, cette page se rapproche des modèles de l'antiquité.

Eu égard aux portraits de Giorgione, il faut nous borner à une mention, une simple mention, car on n'en connaît plus un seul d'absolument authentique. Les connaisseurs s'accordent à donner la palme au portrait de Jeune homme imberbe, en buste, la main droite posée sur une balustrade en pierre, que le musée de Berlin a acquis en 1891 du docteur Richter. J'évite de me prononcer, n'ayant pas vu l'original. Le portrait du chevalier de Malte, conservé au musée des Offices, a également pour lui les meilleurs tenants. La perte de la longue galerie iconographique créée par Giorgione est d'autant plus regrettable que les personnages les plus célèbres avaient tenu à honneur de poser devant lui : il avait pourtrait Gonsalve de Cordoue, les doges Agostino Barbarigo et Leonardo Loredano, Catherine Cornaro, l'ex-reine de Chypre, un Fugger d'Augsbourg. Ses portraits étaient certainement plus enveloppés qu'écrits ; ils devaient refléter cette âme d'élite plutôt qu'offrir des effigies frappantes de ressemblance.

L'amour, qui avait tenu une si large place dans la vie de Giorgione, causa aussi sa mort. Deux versions circulent au sujet de sa fin prématurée : d'après Vasari, la dame aimée du jeune peintre, étant tombée malade de la peste, aurait communiqué son mal à son amant, qui expira au bout de peu de jours. D'après Ridolfi, qui n'écrivit qu'un siècle plus tard, sa mort aurait été causée par le chagrin qu'il éprouva en apprenant qu'un de ses élèves avait séduit sa maîtresse. Or nous savons aujourd'hui, grâce aux recherches de M. Alexandre Luzio, que le récit de Vasari, dont les informations remontaient aux contemporains mêmes de Giorgione, mérite seul créance : il résulte en effet de documents inédits que Giorgione mourut de la peste. L'infortuné artiste ne comptait que trente-trois ou trente-quatre ans lorsqu'il disparut, au mois d'octobre 1510.

La peinture de Giorgione me rappelle certains airs de Palestrina, par exemple le *Peccantem me quotidie*, lents, doux, amples et graves, peu rythmés et encore moins articulés, mais qui, à défaut de la netteté des mélodies ou de la vigueur dramatique, offrent une harmonie ininterrompue et une grande richesse de combinaisons sonores.

Section IV

L'œuvre de Giorgione, malgré ses hautes qualités, a quelque chose de fragmentaire, d'épisodique, et parfois d'incohérent. Il était réservé à son immortel disciple et émule de développer avec une ampleur et un éclat incomparables les germes féconds contenus dans les leçons de ce glorieux précurseur. Le secret dont le Titien enrichit à son tour la peinture vénitienne, la conquête qui forme son plus beau titre de gloire, ce n'est pas tel ou tel perfectionnement de l'ordre technique : entente du clair-obscur, chaleur du coloris, vigueur du modelé ; c'est la fougue de la conception, la puissance dramatique, l'éclat de la mise en scène, inconnues avant lui à n'importe lequel d'entre ses compatriotes. Dans la longue série de chefs-d'œuvre qu'il nous a laissés, le Titien a montré que l'on peut être un peintre de premier ordre sans sacrifier les droits de la raison ou de l'imagination ; chez lui les prodiges de l'exécution reçoivent une consécration de plus de toutes les ardeurs, de tous les trésors que recelait son âme si vibrante, si généreuse, si profondément humaine.[1]

Tiziano (diminutif de Tizio ou Titius) Vecelli naquit, en 1477, à Pieve di Cadore, petit bourg situé presque à l'extrémité septentrionale de la Vénétie, dans un paysage montueux, âpre et grandiose, encore relevé par des rochers de dolomite, semblables à d'immenses stalactites. Ces parages servaient d'asile à une population plus rude que raffinée ; en 1508, au moment même où le Titien remportait ses premiers succès, elle se signala par sa vaillante résistance aux armées de l'empereur Maximilien. Semblable en ceci à ses émules Giorgione et Paul Véronèse ainsi qu'à tant d'autres représentants de l'Ecole vénitienne, le Titien était donc originaire, non de Venise même, mais d'un des nombreux territoires que la République possédait sur la terre ferme. Son père, Gregorio Vecelli, appartenait à une famille honorable de Cadore : il se distingua tour à tour comme administrateur, comme jurisconsulte et comme soldat. De ses quatre enfants, — deux garçons et deux filles, — le Titien fut le second ; le frère aîné, François, devint, comme le puîné, peintre. Les deux enfants passèrent leurs premières années au milieu des paysans et des bûcherons : il fallut que leur vocation fût bien énergique pour que leur famille consentît si facilement à la favoriser.

Le Titien avait environ dix ans lorsque son père l'envoya avec son frère à Venise chez leur oncle. On ignore quels furent les débuts des deux jeunes Cadorins. Il semble qu'ils fréquentèrent d'abord râtelier d'un mosaïste, puis celui des deux frères Bellin. Quant à leurs rapports avec Giorgione, il suffit de rappeler que le Titien, aussi âgé que lui, fut son imitateur plutôt que son élève.

Jusque vers l'âge de trente ans, le jeune artiste de Cadore fit peu parler de lui : on sait si le temps ainsi perdu fut regagné dans la seconde partie de cette existence qui fut la plus longue du siècle. La lenteur de son développement jure avec la précocité de la grande majorité de ses contemporains, et tout d'abord avec celle de Giorgione qui parut et passa comme un météore. Raphaël également, sans avoir été l'enfant prodige que l'on s'est plu à mettre en scène, ne comptait que vingt-six ans lorsqu'il peignit la *Dispute*

---

[1] Il est à peine nécessaire de rappeler ici les belles monographies qu'ont consacrées au Titien, dans les dernières années, MM. Crowe et Cavalcaselle d'une part, M. Georges Lafenestre, de l'autre.

du Saint Sacrement. Michel-Ange était plus jeune encore lorsqu'il sculpta la *Pietà* de Saint-Pierre de Rome et le *David* qui fixèrent les premiers sur lui l'attention de l'Europe artiste. Le Titien, au contraire, longtemps obscur, s'affirma tardivement ; mais aussi, soixante années durant, sans effort comme sans fatigue, il sut charmer l'Europe par la magie de sa palette, la plus savoureuse et la plus éclatante qui fût jamais.

La chronologie des ouvrages exécutés par le Titien jusque vers l'âge de quarante ans est des plus confuses. A peine si l'on a pu établir qu'il travailla en 1508 aux fresques du *Fondaco dei Tedeschi*, à partir de 1509 aux peintures de la *Scuola del Santo* à Padoue, qu'entre 1513 et 1518 il décora une partie de la salle du grand conseil au Palais des Doges, qu'entre 1516 et 1522, il exécuta, à Venise même, les tableaux destinés au palais des ducs de Ferrare. Si nous savons que l'*Assomption de la Vierge* a pris naissance en 1518, nous en sommes réduits à ignorer et la date du *Christ au denier* et celle de l'*Amour sacré et profane* et celle de la *Présentation de la Vierge au Temple* et de bien d'autres pages célèbres.

Au début, le Titien aimait à donner à ses tableaux un degré de fini qui n'avait rien à envier à celui des Primitifs.[1] Vasari vante, dans le portrait d'un Barbarigo, l'art avec lequel étaient rendus les cheveux : « on pouvait les compter, affirme-t-il, ainsi que les points d'un pourpoint en damas de soie. » Ces premières peintures, d'après le biographe, se laissaient regarder de près et de loin : les dernières, au contraire, enlevées à coups de brosse (*conduite di colpi*), d'un faire sommaire (*tirate via di grosso*), pleines de taches, demandaient à être regardées de loin ; il est vrai qu'à distance elles paraissaient parfaites. — Les fresques ou les tableaux à l'huile du même Vasari, — si bon juge quand il s'agissait d'apprécier l'œuvre d'autrui, — ceux des Zuccheri, peintures exsangues, sans profondeur et sans chaleur, caractérisent, avec une netteté peu digne d'envie, cette facture d'improvisateurs, qui finit par devenir la règle.

Un des premiers tableaux du maître, *le Pape Alexandre VI*

---

[1] Cette minutie lui était certainement commandée par les habitudes de ses concitoyens. Vers la fin du XVIe siècle encore, un patricien vaniteux, au moment de confier son portrait au Tintoret, lui recommandait avec instance de copier exactement son riche costume, les dentelles, les bijoux dont il était couvert. Aussi l'artiste, impatienté, lui cria-t-il : « Allez vous faire pourtraire par le Bassan. » (C'était un habile peintre d'animaux.)

présentant à saint Pierre l'évêque Pesaro, peint, à ce que l'on croit, entre 1501 et 1503 (au musée d'Anvers), offre déjà cette tonalité chaude, ce faire facile, cette grande tournure qui deviendront comme la signature du maître. En même temps le jeune maître s'efforce, dans une série de Madones, la plupart représentées à mi-corps, de renouveler par toutes sortes d'artifices un thème vieux de dix siècles. Telles sont *la Vierge au Parapet* ou *la Bohémienne* (ainsi nommée à cause de son teint basané), au Musée de Venise, *la Vierge aux Cerises*, au même Musée, *la Vierge aux Roses*, au musée des Offices, etc.

En 1507, la réputation du peintre de Cadore est assez solidement établie pour que le Sénat de Venise lui confie, concurremment avec Giorgione, la décoration du *Fondaco dei Tedeschi*. Il ne reste que des fragments de ces fresques.

Vers 1509, le Titien se rend à Padoue, où il peint, également à fresque, dans la *Scuola del Santo*, trois scènes de l'*Histoire de saint Antoine de Padoue* : le saint faisant proclamer par un nouveau-né l'innocence de sa mère, l'époux jaloux tuant sa femme, le saint guérissant le pied du jeune homme. Dans l'esquisse originale de la seconde scène, un incomparable dessin à la plume, conservé à l'Ecole des Beaux-Arts, l'artiste fait preuve d'une souplesse, d'une liberté et d'une harmonie indéfinissables. Il s'y montre à la fois le dramaturge consommé et le peintre que chacun sait. Ces compositions étaient terminées en 1511 : elles complétaient un cycle auquel avaient travaillé Domenico Campagnola de Padoue, puis Giovanni Contarini.

Lorsque le Titien se fixa de nouveau à Venise, Giorgione venait de mourir, et Jean Bellin touchait à l'extrême vieillesse. Il se trouva donc tout naturellement appelé à prendre le premier rang dans l'Ecole vénitienne ; aussi, à partir de ce moment, son existence ne fut-elle plus qu'une succession de triomphes : choyé par ses concitoyens, qui lui accordèrent en 1516 la charge si enviée de contrôleur du *Fondaco dei Tedeschi*, devenue vacante par la mort de Jean Bellin, adulé par tout ce que l'Europe comptait d'illustrations quelconques, — poètes, savants, souverains, — il avait peine à suffire aux commandes. De près et de loin, on lui demandait des tableaux de sainteté, des compositions mythologiques, des portraits. Bientôt il n'y eut plus d'église de la Haute Italie qui ne tînt à honneur de posséder un retable signé de ce nom illustre.

L'artiste profita de ce changement de situation pour se marier : de ce mariage, on ne sait qu'une chose, c'est que sa femme s'appelait Cécile, donna Cecilia. On incline à croire qu'elle avait Venise pour patrie. Sa mort, arrivée en 1530, porta à son époux un coup cruel, car l'union, — tout nous autorise à l'affirmer, — avait été des plus heureuses (Titien, au milieu des grandeurs, resta toute sa vie profondément attaché aux affections de famille). Il tomba malade de chagrin. Renonçant à chercher une autre compagne, il fit venir sa sœur Ursule pour tenir désormais sa maison et prendre soin de ses enfants.

Ceux-ci doivent être présentés au lecteur. L'aîné, Pomponio, était destiné à l'état ecclésiastique ; aussi son père s'occupa de bonne heure de lui procurer un canonicat ; il y réussit au prix des plus grands efforts, car Pomponio était un fort mauvais sujet ; sans cesse il fallait le morigéner, tâche dont se chargeait volontiers l'Arétin, transformé pour la circonstance en moraliste et pédagogue. Ce fils indigne, après avoir gaspillé l'héritage paternel, mourut misérablement quelques années après son père.

Le second fils, Orazio, doit sa célébrité au sonnet d'Alfred de Musset plutôt qu'à ses peintures. Né en 1515, enlevé par la peste à l'âge de soixante et un ans, en même temps que son père, il n'eut d'autre ambition que de travailler sous les ordres et aux côtés d'un tel initiateur. On cite de lui quelques portraits, entre autres celui du *Joueur de viole Battista Siciliano*. Malgré la douceur de son caractère, Orazio faillit être victime d'un attentat, dont les mobiles ne sont pas encore expliqués. Il habitait, à Milan, le palais de Leone Leoni d'Arezzo, le sculpteur fameux et le non moins fameux spadassin, lorsque celui-ci l'attaqua à l'improviste, sans prétexte plausible, et le blessa dangereusement à la tête d'un coup de poignard. Le Titien, qui montrait dans toutes ses actions la ténacité du montagnard, obtint à force de démarches que l'assassin de son fils fût banni.

La favorite du Titien était sa fille, Lavinia. Non content de reproduire à tout instant ses traits (musées de Dresde, de Berlin, etc.), il la garda auprès de lui le plus qu'il put, en père à la fois tendre et jaloux. Elle comptait environ vingt-six ans quand il se décida enfin à la marier, en 1555, à un gentilhomme de Seravolle. La dot qu'il lui donna (2400 ducats, environ 120000 fr. de notre monnaie) était probablement la plus riche qu'une fille d'artiste eût reçue jusque-là. Le maître eut la douleur de survivre à sa fille bien-aimée : Lavinia mourut en 1561 ou 1562, après avoir mis au jour six enfants.

Rappelons, avant d'aller plus loin, que l'amour de la peinture était héréditaire dans cette famille. Outre le Titien et son fils, Marco Vecellio (1545-1611), Cesare Vecellio, le dessinateur du célèbre recueil de costumes, *Habiti antichi et moderni di tutto il Mondo* (Venise, 1589), Fabrizio Vecellio, Tommaso Vecellio (né vers 1570), et surtout le Tizianello (né en 1570, mort vers 1650) se sont acquis une notoriété plus ou moins grande. Un coup d'œil sur le caractère et la manière de vivre du maître nous fera mieux comprendre ses aspirations et sa manière de travailler. Avant de recourir au volume de M. Lafenestre, qui nous offre sur ce point les informations les plus abondantes, essayons de montrer ce qu'était l'existence des artistes vénitiens, en quoi elle se distinguait de celle de leurs rivaux bolonais, florentins ou romains. Leur sérénité, leur dignité, contrastent avantageusement avec l'agitation, la médisance, la malignité de leurs émules de l'Italie centrale. C'étaient des *galantuomini* dans toute la force du terme. Assurément, en certaines compétitions, ils faisaient preuve de vivacité (rivalité entre Giorgione et le Titien, pendant qu'ils travaillaient aux fresques du *Fondaco dei Tedeschi* ; entre le Titien et Jean Bellin, au sujet d'une des charges du même *Fondaco* ; entre le Titien et le Pordenone, en 1527, etc.) ; mais jamais ils ne s'abaissèrent aux procédés déloyaux des Florentins.

Dans la vie privée, même tenue ; la biographie du Titien, non moins que celles de Paul Véronèse et du Tintoret, abonde en traits faits pour leur concilier toute notre estime. Véronèse était la simplicité même. Il se contentait de déployer le luxe dans ses compositions, dédaignant personnellement le faste et presque le confort : sobre et économe, il ne songeait qu'à laisser à ses enfants une grande fortune, sans chercher à en jouir par lui-même. Mais cet amour de l'argent était exempt de toute âpreté : il le prouva en mainte occasion. Après l'incendie de 1577, le Sénat ayant distribué la décoration des nouveaux locaux entre les principaux peintres de ;

Venise, parmi lesquels Véronèse, celui-ci s'abstint, bien différent en cela de ses confrères, d'aller faire sa cour à ses commettants. L'un d'eux, le sénateur Contarino, l'ayant rencontré, le lui reprocha vivement. Véronèse lui répondit qu'il considérait comme un grand bonheur de servir son gouvernement toutes les fois qu'il en recevait l'invitation, mais qu'il n'avait pas pour habitude de rechercher de nouvelles commandes, étant suffisamment pourvu de travaux. Néanmoins, pour plaire à Contarino, il se présenta le lendemain devant le Sénat, qui le chargea de peindre l'ovale au-dessus du tribunal dans la grande salle, et deux des parois.

Chez le Tintoret, nous trouvons, à côté d'un talent supérieur, un caractère vif, vibrant, fougueux, un homme né pour la lutte, chez qui l'esprit et le tempérament, l'ambition et la dignité formaient une équation parfaite. Pierre l'Arétin, le maître chanteur par excellence, qui entendait régenter et rançonner les artistes aussi bien que les potentats, apprit ce qu'il en coûtait de s'attaquer à un artiste pareil. Le Tintoret, qui se savait attaqué par lui, l'ayant un jour rencontré dans la rue, le pria de l'accompagner dans son atelier, afin de faire son portrait ; aussitôt l'Arétin de le suivre tout joyeux. A peine entrés, l'artiste tire de dessous son vêtement un pistolet et ajuste le visiteur : « Que faites-vous ? devenez-vous fou ? » s'écrie l'Arétin. Et le Tintoret de lui répondre : « Tranquillisez-vous, je vais vous prendre mesure. » Et il se servit du pistolet pour le mesurer de la tête aux pieds. On ajoute qu'à partir de ce jour l'Arétin cessa de l'attaquer, et devint son ami.

Un Florentin naturalisé Vénitien, le grand architecte et sculpteur Jacopo Sansovino, formait le digne pendant de ses nouveaux concitoyens. C'était à la fois le tempérament le plus heureux et un esprit privilégié, un travailleur infatigable et un homme de plaisir. Placé par une constitution extraordinaire au-dessus des besoins de la nature, à tel point qu'en été il ne vivait guère que de fruits, il aimait d'autre part la société des femmes aussi passionnément que l'architecture et la sculpture. Tout ensemble prudent et loyal, il préférait le commerce des grands à celui des petits, parce qu'avec les premiers on grandit, disait-il, et avec les autres on se rapetisse. Il s'emportait facilement, mais fondait en larmes à la première tentative faite pour le fléchir.

Pénétrons maintenant dans l'intérieur du Titien, dans cette

maison de la paroisse de San Casciano, dite « la grande », où le maître s'installa en 1531. C'était une construction relativement modeste, dont le rez-de-chaussée était loué à divers locataires, probablement des commerçants ; le peintre occupait le premier étage, composé d'un grand atelier auquel on accédait, à travers un jardin, par un escalier extérieur, puis un second étage. Comparée aux palais que se construisaient, à Rome, Bramante, Raphaël et Antonio da San Gallo, à Mantoue, Jules Romain, à Milan, Leone Leoni, cette demeure n'avait rien de somptueux. Son possesseur tenait d'ailleurs peu à l'ostentation ; il aimait à vivre largement, mais sans songer à éblouir.

Autant son génie avait suscité d'admirateurs au Titien, autant son caractère aimable, ses belles manières, lui valurent d'amis. Parmi ceux-ci, les littérateurs tenaient la première place, alliance féconde qui répandit sa gloire au loin. L'Arioste le chanta dans son *Roland furieux*, le cardinal Bembo fit sonner ses louanges aux oreilles du pape ; l'Arétin, fixé à Venise, après sa fuite de Rome, le prôna dans ses lettres et dans ses poésies, en donnant de ses créations l'analyse la plus pénétrante, la plus lumineuse. Je me hâte d'ajouter, à la décharge du peintre, que, tout en fréquentant ce personnage peu recommandable, il se gardait de s'associer à ses orgies : l'Arétin connaissait si bien la gravité de ses mœurs qu'il lui arriva plusieurs fois de s'excuser auprès de lui de ne pas l'inviter, parce qu'il avait ce jour-là trop mauvaise compagnie.

Section V

Si, au moment de reprendre l'étude de l'œuvre du Titien, nous nous attachons à l'ordre chronologique, nous avons à compter d'abord avec le *Saint Marc trônant au milieu de quatre saints*, qui prit naissance en 1512, peu de temps après le retour de Padoue (sacristie de Santa Maria della Salute). Le maître montre dans cette composition qu'il sait à la fois créer les figures les plus imposantes et les placer, par la puissance de son coloris, dans un milieu idéal, où elles sont comme transfigurées. Seul le saint assis au fond, sur une sorte de piédestal, pèche par son attitude guindée : on dirait qu'il ignore la présence des quatre personnages debout à ses pieds. Les auteurs du *Cicerone* croient reconnaître dans ce tableau l'influence de Fra Bartolommeo della Porta, le maître dans l'art de composer, qui avait visité Venise en 1506. Il est certain que le peintre florentin à son tour éprouva l'influence de ses hôtes vénitiens : à partir de ce moment son coloris acquit une intensité et un éclat qui détonnent au milieu des pâles colorations de l'Ecole florentine.

La mort de Jean Bellin valut au Titien une commande d'un intérêt capital, la décoration d'une des salles de ce château de Ferrare, dans lequel s'étaient déroulés tant de drames. Appelé au mois de février 1516 à la cour d'Alphonse d'Este et de Lucrèce Borgia, il se contenta d'abord de terminer la *Bacchanale* laissée inachevée par Bellin ; puis il peignit, à Venise même, selon toute probabilité, les compositions destinées aux autres parois de cette salle.

Pour être vif comme la poudre, le duc Alphonse n'en montrait pas moins de ténacité dans ses rancunes : nul Mécène de la Renaissance ne se mit aussi souvent en colère. Le Titien de son côté était débordé : on juge si les froissements manquèrent. Rien de plus édifiant que la lettre du 29 septembre 1519 : « Dites-lui, de notre part, écrit entre autres choses le duc à son agent, que nous sommes surpris de ce qu'il ne veuille pas finir notre peinture et qu'il faut de toute manière qu'il vienne y donner la dernière main, sinon nous en éprouverons un vif ressentiment et nous lui démontrerons qu'il a desservi une personne qui saura le desservir à son tour... » Le moyen de braver de telles menaces ! L'artiste s'empressa d'accourir. La correspondance à laquelle nous venons d'emprunter cet échantillon du style épistolaire de l'époux de Lucrèce Borgia nous fait connaître un autre trait non moins curieux : le duc, soit par esprit d'économie, soit pour enlever tout prétexte de retard, fournissait la toile et les couleurs. Constatons que rien ne jure plus avec les procédés autocratiques d'Alphonse d'Este que les égards, les attentions délicates prodiguées au Titien par une famille voisine, proche parente des ducs de Ferrare : je veux parler des Gonzague, marquis, puis ducs de Mantoue ; elle ne cessa de traiter l'artiste vénitien en ami, non en fournisseur.

Il fallut toute la diplomatie propre au Titien pour que ses relations avec un tel Mécène se poursuivissent, sans secousse trop violente, pendant près d'un quart de siècle (elles duraient en 1535 encore) ; il fallut qu'il consentît à pourtraire non seulement le souverain et son fils (ce dernier portrait se trouve en double exemplaire, au musée de Madrid et dans la collection Edouard André), mais encore sa favorite. Il est en effet aujourd'hui admis que le portrait connu sous le nom de la *Belle du Titien* (au Salon carré du Louvre) se rattache à un des nombreux séjours faits à Ferrare. Il représente, affirme-t-on, Laura Dianti, la fille d'un chapelier, devenue la maîtresse du duc et, quelque temps après, unie à ce prince, à ce qu'il semble, par un mariage morganatique. Cette figure reparaît plus d'une fois dans l'œuvre du Titien, avec ses lèvres sensuelles, ses yeux brillants, sa poitrine opulente, notamment au musée des Offices, où elle est costumée en *Flore*.

Mais revenons à la décoration du château de Ferrare, point de départ des relations du peintre vénitien avec la famille d'Este. Les sujets imposés au Titien (on suppose qu'ils avaient été désignés par l'Arioste) trahissaient les tendances si essentiellement profanes de la cour ferraraise. Pour compléter la décoration de la salle qu'ornait déjà la *Bacchanale* de Jean Bellin, il dut peindre, dans un premier compartiment, un fleuve de vin rouge, sur les bords duquel se trouvaient des chanteurs et des musiciens, hommes ou femmes, à moitié ivres, entre autres une bacchante nue endormie, d'une rare beauté. Dans un second compartiment prit place une véritable fourmilière d'Amours nus, joufflus, jouant, folâtrant de mille manières. À droite, une statue de Vénus, puis deux femmes, dont l'une, remarquable par ses bras énormes, s'élance comme furieuse, par un mouvement dépourvu de tout rythme. — Ce tableau, qui se trouve, comme le précédent, au musée de Madrid, obtint un succès extraordinaire ; il servit de modèle au Dominiquin, à l'Albane, à Rubens et à bien d'autres.

Pour thème du troisième tableau, exécuté en 1522 (aujourd'hui à la National Gallery), le Titien choisit la *Rencontre de Bacchus et d'Ariane*. Peut-être suivit-il l'indication donnée par l'Arioste ; en tout cas il s'inspira du poème de Catulle. La composition est incohérente et déhanchée : Bacchus, se jetant à bas de son char, a l'air d'invectiver Ariane ; sa main gauche, lancée derrière lui, indique un objet que l'on n'aperçoit ni ne devine. On comprend que ces gestes véhéments inspirent à l'abandonnée de la terreur plutôt que de la confiance ; elle lève une main comme pour se défendre, et ramène de l'autre sur son dos la draperie, une sorte de chemise, — absolument comme si elle se préparait à prendre la fuite. Le petit satyre qui mène en laisse une tortue forme un motif charmant, mais quelque peu étranger à l'action.

A ne s'attacher qu'à la multiplicité des sujets que le Titien a puisés dans la mythologie ou dans l'histoire ancienne, à ne tenir compte que des nombreux emprunts qu'il a faits aux marbres ou aux pierres gravées, on se figure volontiers qu'il sacrifiait, autant que les Florentins et les Romains de son temps, à l'idole classique. En réalité, un abîme le sépare d'eux. L'étude de l'antique — je veux dire des statues antiques — avait graduellement fait oublier à l'Ecole florentine et à l'Ecole romaine les lois spéciales à leur art et y avait substitué les errements propres à la sculpture. Certaines fresques de la dernière manière de Raphaël — et surtout celles de Jules Romain, du Rosso et de tant d'autres de leurs coreligionnaires — sont peuplées, non plus de figures vivantes, se mouvant librement dans l'air qui les enveloppe, la lumière qui les réchauffe, mais de marbres immobiles dans une atmosphère glaciale et isolés les uns des autres. Rien de semblable chez le Titien : il déteste les arêtes tranchantes, en honneur chez ses rivaux de l'Italie centrale, et s'efforce de les arrondir, de les noyer dans une atmosphère lumineuse qui reliera les unes aux autres toutes les figures, pour les fondre dans une commune harmonie. Est-il nécessaire d'ajouter qu'un tel résultat ne pouvait être obtenu qu'au détriment de la fidélité des reproductions ? A peine si, dans les peintures du Titien, les statues, bustes ou bas-reliefs antiques qu'il reproduit gardent l'indication, très générale, du mouvement de l'original, alors que l'Ecole romaine les copiait avec une implacable rigueur.

Ces emprunts sont d'ailleurs plus nombreux qu'on ne le croit, le Titien en effet ne s'est pas borné à mettre en œuvre des sujets grecs ou romains, il a encore peuplé ses toiles d'une foule de motifs copiés sur les marbres antiques. Dans le *Martyre de saint Laurent*, du musée de Madrid, il a placé à droite, sur un socle richement orné, une statue de femme drapée tenant à la main une Victoire. Dans le *Miracle de saint Antoine faisant parler le nouveau-né* (au Santo de Padoue), une statue d'empereur, le bras droit mutilé, orne la façade d'une maison. L'*Offrande à Venus*, du musée de Madrid, contient une statue nue jusqu'à la hanche, et le *Couronnement d'épines*, du musée du Louvre, un buste de Tibère, avec l'inscription *Tiberius Cæsar*. Dans la *Présentation de la Vierge au Temple*, de l'Académie de Venise, on découvre, à droite, au premier plan, un torse revêtu d'une cuirasse, au second plan, une statue debout sur une console, au fond, un obélisque surmonté d'une boule. Des chapiteaux historiés témoignent également de l'imitation des modèles antiques. Enfin, dans le célèbre tableau de la galerie Borghèse, *l'Amour sacré et l'Amour profane*, le sarcophage procède plus ou moins directement de prototypes romains. Mais toutes ces reproductions manquent de caractère et plus encore de conviction.

Dans l'interprétation même des sujets, le peintre vénitien n'affiche pas moins d'indépendance. Qui ne s'aperçoit que ses illustrations de la mythologie ou de l'histoire romaine n'ont plus rien à faire avec les patientes et ardentes investigations à la façon de Mantegna, avec les pieuses et éclatantes évocations à la façon de Raphaël dans l'*Ecole d'Athènes* ou le *Parnasse* ! Le Titien n'est jamais allé au fond de ces données, si riches en enseignements : il n'y a vu que des prétextes à représenter des corps nus, des Amours qui folâtrent, des divinités sur des nuages. Rien ne prouve avec plus d'évidence le manque absolu d'études historiques, que l'absence, dans cet œuvre immense, d'une véritable page d'histoire : une telle mise en œuvre eût demandé au maître trop de recherches, trop de lectures : il ne s'y essaya pas. Aussi bien le temps n'était-il plus où les artistes et le public éprouvaient une sorte de respect religieux devant les dieux et les héros de l'antiquité, devant cette civilisation si miraculeusement ressuscitée. Le Titien, partageant l'indifférence de ses contemporains, ne s'en servit plus que comme d'un arsenal d'allégories et d'emblèmes, d'un arsenal qui offrait des ressources infinies pour donner plus d'éclat à ses compositions, pour en rehausser la mise en scène.

Tel est le point de vue auquel il faut se placer pour apprécier le célèbre tableau du musée de Madrid, *Vénus et Adonis*. La composition est des plus simples : la déesse, assise et se montrant de dos, se retourne pour saisir par la taille Adonis qui s'apprête à partir pour la chasse, le javelot dans une main, la laisse des chiens dans l'autre. Le torse de la déesse est fort beau, moins savamment modelé que chez Michel-Ange, mais tout aussi sûr. Quant à la figure de son amant, elle a quelque chose à la fois de robuste et de fier : je ne saurais mieux la comparer qu'à certains types du Sodoma, tels que le *Saint Victor* du Palais public de Sienne. Eros, sommeillant sous un bouquet d'arbres, complète la scène. Ce n'est au fond qu'une idylle, mais elle est exquise. Le chef-d'œuvre du maître en ce genre, *Jupiter et Antiope*, au musée du Louvre, accorde une place plus large à la mise en scène. Au pied d'un arbre s'est endormie la belle Antiope ; s'approchant de la dormeuse, Jupiter, sous la forme d'un satyre, soulève la draperie qui la recouvre ; plus loin se tiennent un chasseur, une couple de chiens en laisse ; puis un satyre et une nymphe ; au fond, une chasse ; dans les airs, Cupidon lançant une flèche. La composition est véritablement brillante ; elle réunit, à un paysage puissant et grandiose, des attitudes animées, un coloris aussi fin que chaud. Remarquez le contraste si heureux entre le torse brun du satyre et la carnation blanche d'Antiope, artifice d'ailleurs absolument loyal, et qui nous prouve avec quelle habileté les Vénitiens cherchaient à relever leurs tableaux par les oppositions de tons les plus tranchées. Sans la pleine possession de tous les secrets du coloris, il eût été impossible de multiplier ainsi les dissonances, sauf à les fondre ensuite dans une harmonie générale.

A cette première période appartiennent encore deux tableaux célèbres entre tous, relevant, l'un de la peinture religieuse, l'autre, de la peinture allégorique.

On a souvent prétendu que le *Christ au denier*, le chef-d'œuvre du musée de Dresde, avait été peint pour le château de Ferrare, où, par une association d'idées choquante, il aurait été exposé dans la même salle que les *Bacchanales*. Il faudrait, dans cette hypothèse, admettre qu'il est postérieur à l'année 1516. M. Morelli, d'accord, pour une fois, avec MM. Crowe et Cavalcaselle, affirme qu'il remonte plus haut et qu'il a pris naissance en 1508.

Il est à peine besoin de décrire cette page, tant elle est fameuse : Le Christ, à mi-corps, figure aussi majestueuse que sereine, pleine de tendresse et de grandeur, prononce les mots : « Rendez à César ce qui est à César, » tandis que son doigt, légèrement tendu, indique la pièce de monnaie que lui montre son interlocuteur, un pharisien aux traits rusés et énergiques. C'est tout un drame que cette juxtaposition de deux acteurs ; un de ces drames intimes, mis on honneur par Léonard de Vinci dans la peinture de Sainte-Marie des

Grâces ; un sourire, la contraction des sourcils, un geste, y suffisent pour traduire, soit les luttes de l'âme, soit de sublimes doctrines. Moins encore que la *Cène* de Léonard, le *Christ au denier* trahit l'effort : il semble venu d'un jet ; la noblesse des attitudes n'est égalée que par leur aisance. Quelle souveraine distinction surtout dans la pose de la main du Christ, dans cette sorte d'abandon qui caractérise les natures d'élite, et qui jure avec la tension ou l'affectation dès lors inséparables de l'Ecole florentine ! C'est que chez le Titien, comme l'a fort bien dit M. Bouillier, « tout conspire à l'unité du dessin général ; on sent qu'y ajouter quelque chose serait en gâter l'économie, et qu'on n'en peut rien retrancher sans l'affaiblir. »

En 1508, également, s'il faut en croire MM. Burckhardt et Bode, aurait pris naissance le merveilleux tableau de la galerie Borghèse, pour lequel un amateur parisien a offert récemment la somme fabuleuse de six millions : *l'Amour sacré et l'Amour profane*. Il est impossible de rendre avec des mots le charme et l'éloquence des lignes, l'éclat du coloris, ces tons si chauds et si suaves, qui plongent l'œil dans un océan de délices. Et que de motifs charmants dans cette allégorie, vis-à-vis de laquelle on se sent à peine le courage de s'enquérir de l'idée mise en œuvre par le peintre ! S'agit-il du vrai amour et de la coquetterie, des vierges sages et des vierges folles ? Cette dernière hypothèse a pour elle la présence d'une lampe entre les mains d'une des deux héroïnes. Peu importe. On oublie tout devant la magie des figures et du paysage.

La composition se distingue par une liberté qui aurait pu faire envie à Giorgione. D'un côté, une femme, aux riches atours, aux cheveux blonds flottants, est assise nonchalamment sur le bord d'un bassin, en forme de sarcophage, dans lequel un Amour plonge le bras ; une de ses mains, gantée, repose sur ses genoux ; l'autre, nue, s'appuie sur un vase ; sa physionomie trahit la lassitude, presque l'ennui, et la rose effeuillée jetée à côté d'elle peut à cet égard passer pour le symbole de son état d'âme. A l'extrémité opposée du bassin se tient, moitié debout, moitié assise, une seconde femme, nue à l'exception d'une draperie qui flotte sur son bras gauche et qui recouvre son sein : élevant d'une main une lampe allumée, elle se tourne, comme pour l'exhorter ou l'implorer, vers sa compagne, mais celle-ci fait la sourde oreille. Ses traits respirent autant de douceur que de noblesse (dès cette époque le Titien savait donner à ses physionomies l'expression la plus touchante). Le bouquet d'arbres qui s'élève derrière la fontaine sert à faire ressortir les carnations éclatantes des deux héroïnes. Au fond s'étend un paysage fouillé plutôt que disposé par grandes masses : on y compte deux villages, de nombreuses collines, une foule de figures, deux lapins qui grignotent, un berger et son troupeau, des chasseurs.

Prenons note de cet amour du détail ; le Titien ne devait pas tarder à simplifier, à résumer, à condenser et à créer des paysages qui seront dramatiques, même en l'absence de personnages.

Section VI

L'auteur d'un essai très distingué sur les artistes vénitiens affirme que, « ce qu'ils peignent de préférence, c'est la beauté, la grâce, la jeunesse, les joies faciles de la vie, les épaules et la poitrine nues des princesses, les Vénus éclatantes, les empereurs triomphants, les Danaé qui vendent le plaisir même à Jupiter, les festins splendides, les concerts enchantés. Il n'y a jamais pour eux, — ajoute-t-il, — de femmes trop souriantes, de chairs trop émues, d'étoffes trop riches, de bijoux trop brillants. Même dans les scènes religieuses, ce n'est point seulement à l'âme, c'est aussi aux yeux qu'ils s'efforcent de parler. C'est le dîner d'Emmaüs, ce sont les Noces de Cana qu'ils représentent, plutôt que les Madeleines éplorées ou le Christ vengeur. Ils font du christianisme une mythologie gracieuse, au lieu d'en faire le poème infini de la consolation mystérieuse des âmes tendres et des cœurs blessés.[1] » Il est certain que les tendances profanes ne dominent que trop souvent dans les peintures religieuses de l'Ecole vénitienne, mais les chaudes et pathétiques évocations des Evangiles ne font pas défaut ; les souffrances et les miracles des saints trouvent les interprètes les plus éloquents. Parcourez l'œuvre du Titien, que de cordes n'a-t-il pas fait vibrer ! Il montre tour à tour : la Vierge heureuse, caressant l'Enfant Jésus ; la Vierge regardant l'enfant qui joue avec un lapin ; la Vierge recevant l'hommage de la famille Pesaro, ou montant au ciel ; le Christ et le centenier ; puis d'émouvantes scènes de la Passion : <u>le Couronnement d'épines, la Mise au tombeau, les Disciples</u>

1 A. Bouillier, *l'Art vénitien*, p. 55-56.

d'Emmaüs, ou encore *l'Assomption de la Vierge, le Martyre de saint Pierre, le Triomphe de la Foi*.

Quelle puissante et sublime apothéose que le tableau de l'Académie de Venise, *l'Apothéose de la Vierge*, peinte en 1518 ! Les trésors de foi accumulés pendant les longs siècles du moyen âge y paraissent à la lumière, mais décuplés, transfigurés, par un prodigieux génie. Le dessinateur ici égale le coloriste. Tout est mouvement et élan. Emportés par leur enthousiasme, les corps des apôtres semblent prendre leur vol vers les régions célestes. Quant à leurs gestes, les artistes les plus pathétiques, Raphaël dans la *Messe de Bolsène* ou dans les cartons de tapisseries, n'auraient pas su leur donner plus d'éloquence. Et avec quel art incomparable les figures ne sont-elles pas associées les unes aux autres, de manière, non seulement qu'aucune dissonance ne se produise dans ce concert, mais encore qu'aucune note n'y reste sans concourir à l'effet d'ensemble ! A ce groupe terrestre des apôtres, qui forme une masse si compacte, et cependant si animée et si claire, le Titien, par un de ces artifices dont seuls les plus grands maîtres ont eu le secret, a opposé la légèreté et la transparence du groupe aérien, de ce groupe composé de la Vierge et d'un chœur d'anges. Que la Vierge est belle et touchante avec son visage inondé de bonheur, ses bras tendus vers les cieux, ses draperies soulevées par le vent et qui semblent l'entraîner vers les sphères supérieures ! Celle de Murillo semble bien pâle à côté de cette création aussi robuste que généreuse, si pleine de vie et de santé. Les anges qui l'entourent n'ont rien à envier, pour la grâce et la variété des attitudes, à ceux qui occupent le sommet de *la Dispute du Saint-Sacrement*, de Raphaël. Le Père Eternel planant, les bras étendus, à l'instar des grandioses figures de Michel-Ange à la Sixtine, et l'ange qui lui présente la couronne, par un geste digne de Raphaël, forment le couronnement de cette trilogie, dont les trois groupes principaux, si distincts d'aspect, se relient cependant si intimement les uns aux autres.

L'Assomption de la Vierge inaugure une ère nouvelle dans la peinture religieuse. Aux conquêtes de l'Ecole romaine, le Titien ajoute quelque chose de souverainement libre, mouvementé et dramatique. A peine si les personnages tiennent au sol : les monuments, la végétation, les sites entrent en scène, non moins que les arbres, les nuages, le ciel. En un mot, à l'élément humain, l'artiste joint ces acteurs trop négligés de ses devanciers : le paysage et la lumière, la lumière tantôt éblouissante, le soleil de Venise transporté et fixé sur la toile, tantôt sombre et blafarde, comme dans la *Mise au tombeau* du Louvre. Parfois, pour renforcer l'effet, le Titien fait intervenir l'orage ou la pluie, par exemple dans la *Bataille de Cadore*, peinte pour le palais des Doges. Et puis, partout, ces tons embrasés, qui semblent, non de la couleur à l'huile, mais de la lave incandescente.

L'analyse de l'*Assomption* nous a forcés tout à l'heure à évoquer le souvenir de Raphaël. Serait-ce donc que le maître vénitien ait connu et étudié les œuvres de son émule, de six ans moins âgé que lui ? Ou bien, avons-nous affaire à une rencontre fortuite ? La première hypothèse n'a rien d'invraisemblable : ces gestes tour à tour mutins ou suppliants, ces figures si fières ou si tendres, émergeant des nuages, voltigeant en se pressant en essaims autour de leur souveraine, rappellent trop le chef de l'Ecole romaine pour ne pas indiquer une imitation plus ou moins consciente. Nous relevons d'ailleurs dans l'œuvre du Titien d'autres emprunts encore. Dans *la Vierge et l'Enfant Jésus*, de la Pinacothèque de Munich, le divin *bambino* est très visiblement imité de celui de la *Vierge de la maison Colonna*, au musée de Berlin. Avec la loyauté qui le caractérisait, le Vénitien n'hésitait pas, à l'occasion, à rendre hommage à l'Urbinate : lors de sa visite au Vatican, il s'extasia devant les fresques des Stances et traita durement son compatriote Sebastiano del Piombo, qui les avait maladroitement restaurées.

Des grandes compositions religieuses du Titien, il en est quatre qui méritent de nous arrêter particulièrement : *la Vierge des Pesaro, le saint Pierre martyr, la Présentation de la Vierge au Temple, la Mise au tombeau*.

Dans la *Vierge des Pesaro*, peinte entre 1521 et 1526, pour l'église des Frari, où elle se trouve encore, le Titien reprend ce thème des *Saintes Conversations*, si familier à ses devanciers vénitiens, mais avec quelle émotion en plus ! Les saints et les donateurs ne sont plus rangés symétriquement aux côtés de la Vierge : par une inspiration aussi originale que profondément pittoresque, le maître a placé la mère du Christ au sommet d'un escalier, qu'encadrent deux imposantes colonnes, dont l'extrémité supérieure va se perdre dans les airs. Marie s'incline avec autant de grâce que de componction ; l'enfant au contraire, joyeux et mutin, s'appuie d'un pied sur le genou de sa mère, tandis qu'il lève l'autre par un de ces gestes enfantins dont le Titien semble avoir, pour ce cas spécial, dérobé le secret à Raphaël. Plus loin, d'un côté, saint François présentant les membres de la famille Pesaro, dévotement agenouillés au bas des marches ; de l'autre, saint Pierre tenant un livre ; puis, au premier plan, un guerrier nu-tête (c'est l'évêque-soldat Jacopo Pesaro), brandissant d'une main un étendard et saisissant de l'autre les fers de deux prisonniers turcs. Près de lui, un autre donateur à genoux. Dans les airs, sur un nuage, deux anges qui tiennent une croix et qui servent de couronnement à cet ensemble mouvementé et dramatique plus que ne l'avait été jusqu'à ce moment n'importe quel tableau vénitien.

La science de l'ordonnance et du rythme qui se manifeste dans la *Vierge des Pesaro* égale celle des plus parfaites compositions de Raphaël, avec quelque chose de plus primesautier, une inspiration plus hardie et une entente plus complète des exigences de la décoration ; seules peut-être les *Marie sur l'escalier*, gravées par Marc Antoine, en approchent. On y trouve en germe les effets d'imprévu que développera au XVIIIe siècle le grand décorateur vénitien Tiepolo.

La *Mise au tombeau* du Louvre, peinte vers 1520, offre une composition aussi concrète que saisissante ; pas un trait n'y est perdu ; l'action se développe avec une concision, une vivacité, une logique, une éloquence, dont rien n'approche. Ne craignons pas de le déclarer, même les plus célèbres pages de Raphaël, la *Mise au tombeau* et le *Portement de croix*, ont quelque chose d'artificiel comparées à cette douleur poignante ; la multiplicité des figures et des détails y affaiblit l'impression ; tandis que le Titien, par la magie de sa palette, fond tous les accessoires comme dans un creuset, pour en tirer l'alliage le plus homogène, le plus brillant qui se puisse imaginer.

Qui ne connaît ce drame si simple et si émouvant ! A droite, trois disciples portant le corps du supplicié, ce corps qui s'abandonne, comme dans la *Pietà* de Michel-Ange ; à gauche, la Vierge éplorée, les mains jointes, soutenue par sainte Marie-Madeleine dont les cheveux dénoués flottent au vent. Ce qui rend la scène si éloquente, c'est l'extrême conviction qui y éclate : on la croirait prise sur le vif, tant est profonde la douleur des porteurs, veillant néanmoins avec un soin anxieux sur leur précieux fardeau. Quant à la Vierge et à sa compagne, tout entières à l'affliction, elles forment avec l'autre groupe le contraste le plus pathétique. Le coloris, aux tons sombres et profonds, s'harmonise merveilleusement avec la scène. Le ciel lui-même, voilé, sinistre, envahi par d'épais nuages, semble s'associer au deuil de l'humanité. C'est l'illustration éloquente de ce verset des Evangiles : « Depuis la sixième heure jusqu'à la neuvième les ténèbres se répandirent sur l'univers entier. Le voile du temple se déchira, la terre trembla et les rochers s'entr'ouvrirent. »

Non, tout noble sentiment n'était pas éteint dans le cœur d'une nation dont un des fils savait s'élever à une telle hauteur ; et la Renaissance, quoi qu'on ait pu dire, n'avait pas glacé toute inspiration généreuse.

Dans le *Saint Pierre martyr*, ou *l'Assassinat de l'inquisiteur Pierre*, comme l'appelle l'irrévérencieux Stendhal (peint en 1530, pour l'église Saint-Jean et Saint-Paul), la scène tire son originalité et sa puissance de l'incomparable paysage, de ce bouquet d'arbres sous lesquels est tombée la victime et au-dessus desquels apparaissent deux anges portant la palme du martyre. Les gestes ont ici un imprévu et une éloquence que peu de dramaturges ont égalés : le compagnon qui jette les bras en arrière, muet d'horreur ; le saint qui, renversé sur le bras droit, lève le bras gauche pour montrer le ciel, rattachant ainsi la partie inférieure de la composition à la partie supérieure, je veux dire aux deux anges ; enfin le meurtrier farouche brandissant le glaive, tout cela est d'une vie et d'une énergie indicibles. On a constaté dans les figures l'influence de Michel-Ange, qui séjourna précisément à Venise vers cette époque. Le fait est que le *Saint Pierre martyr* abonde en attitudes dramatiques, dignes d'un tel modèle ; ces attitudes sont toutefois infiniment moins forcées que dans les peintures de la Sixtine.

Le plus grand tableau du Titien ainsi que de toute l'Ecole vénitienne, — et ce n'est pas peu dire, — *la Présentation de la Vierge au Temple*, forme à la fois le triomphe de la mise en scène et du coloris ; tout y est digne d'admiration : l'éclat et la fermeté du ton, à la fois frais, savoureux et éblouissant, ce noble paysage, cette architecture grandiose, cette foule mouvementée, en qui l'émotion et l'enthousiasme débordent.

C'est ici le moment d'analyser la manière de composer du Titien ; je ne saurais mieux en faire ressortir les particularités qu'en prenant l'art de l'ordonnance au point où l'avait laissé Raphaël. Si l'auteur de la *Dispute* et de l'*École d'Athènes* avait porté cet art à sa perfection, il avait également, surtout dans ses dernières productions, laissé quelques exemples d'un groupement plus ou moins incohérent. Sans remonter jusqu'au *Triomphe de Galatée*, où les figures ne se relient véritablement pas assez les unes aux autres, quel manque d'unité dans l'*Incendie du Bourg* ! Ces lacunes devaient paraître d'autant plus sensibles que la science du coloris, qui seule pouvait les masquer, allait en s'affaiblissant chez les peintres de l'Ecole romaine. Quant aux peintres de l'Ecole de Parme, à commencer par le Corrège, l'ordonnance ne fut jamais leur fort.

Dans cette heure de crise, les Vénitiens recueillirent la succession qui risquait de tomber en déshérence. Le Titien, le premier, mit dans ses compositions un mouvement et en même temps une harmonie inimitables. Comparez sa *Présentation de la Vierge au Temple* aux plus belles pages de son maître Jean Bellin, quel abîme entre l'œuvre du cinquecentiste et celle du quattrocentiste ! Voici enfin l'artiste, le poète, le dramaturge, qui sait disposer ses masses, mouvoir ses personnages, graduer l'action, prodiguer les contrastes, opposer, par une de ces inspirations que Rembrandt retrouvera au siècle suivant, à une foule compacte une petite fille, en simple robe bleue, gravissant seule, avec une assurance enfantine, les degrés de l'escalier au sommet duquel se tient le grand-prêtre ! Le Titien ne tire pas moins de parti de l'architecture, qui est bien autrement développée que chez les Primitifs, et surtout que chez Giorgione. Dans la *Présentation*, elle forme un *crescendo* jusqu'au temple, dont les marches occupent le premier plan. Le fond est resté libre et laisse une échappée sur un beau paysage sillonné de rochers pointus. Les fabriques n'écrasent donc point les personnages : elles les élèvent, les grandissent, les mettent en relief. Avec ces pages prodigieuses, la peinture religieuse avait dit son dernier mot. Quel que soit l'intérêt des nombreuses autres compositions du maître, ce serait une profanation que de les-analyser à la suite de chefs-d'œuvre dont rien n'approche. Restons sur cette impression bienfaisante, et admirons la liberté du génie, ce privilège de conserver sa chaleur et son enthousiasme dans les époques de décadence : aucun artiste, à cet égard, n'a poussé la puissance d'abstraction plus loin que le Titien.

Section VII

Les portraits du Titien jouissent d'une réputation égale à celle de ses tableaux d'histoire. Il s'en faut de beaucoup cependant qu'ils offrent tous la même valeur : tantôt la caractéristique en est nette et libre, la facture large et souple ; tantôt ils ont quelque chose d'étriqué et de faux. Ce poète, ce dramaturge se trouvait évidemment moins à l'aise vis-à-vis d'un modèle déterminé que vis-à-vis de créations idéales.

L'examen de deux des portraits de Charles-Quint, celui de la Pinacothèque de Munich et celui du musée de Madrid, nous fait toucher au doigt les qualités comme les défauts du maître. Dans le premier, l'empereur, assis, offre une personnification brillante de l'habile diplomate mi-flamand, mi-espagnol, — mi-souverain, mi-marchand, avec sa figure hâve et sa lèvre allongée. Les détails du costume, de l'ameublement, le beau fragment d'architecture et le beau bout de paysage, complètent et encadrent à merveille la figure principale. Tout autre est le portrait équestre de Madrid, qui est une merveille, comme coloris. Le Titien n'avait évidemment jamais étudié l'anatomie du cheval ; son ignorance en cette matière a également nui au cavalier : on dirait don Quichotte sur Rossinante. En fait, essayer de représenter Charles-Quint en guerrier, la lance au poing, comme son rival François Ier, le vaillant vainqueur de Marignan et le vaillant vaincu de Pavie, c'était aller contre toutes les règles de la vraisemblance ; c'était tenter l'impossible. Il a fallu que le peintre vénitien déployât les ressources infinies de sa palette pour faire oublier cette erreur de conception.

C'est également parmi ces portraits faciles et brillants qu'il faut ranger, outre la *Belle du Titien*, dont nous avons déjà parlé, le *François Ier* du Louvre. Le rival de Charles-Quint est représenté à mi-corps, coiffé d'une toque noire bordée de plumes, le cou orné d'un médaillon à l'effigie de sainte Marguerite, la droite appuyée sur la garde de son épée. Ce portrait, d'une tournure superbe, est très vivant et très caractéristique, quoiqu'il n'ait pas été peint d'après nature, mais seulement, à ce qu'il semble, d'après une médaille. Il a malheureusement poussé au noir.

Dans l'*Homme au gant*, la physionomie est sympathique, malgré un fond de tristesse. Le teint ambré, le pourpoint noir, la collerette et les manchettes blanches, les gants gris, forment, avec le fond, un accord grave et sévère ; le Titien, on le sait de reste, excellait dans les tonalités sombres aussi bien que dans les feux d'artifice.

Ces portraits, ainsi que celui de la duchesse d'Urbin (au musée des Offices), d'une fermeté si grande, appellent une comparaison avec ceux du plus habile portraitiste italien contemporain, le Bronzino : ils offrent autant de netteté et de décision qu'eux ; mais, moins écrits, ils sont plus enveloppés.

Dans d'autres portraits tels que le médecin Palma, au musée de Vienne (peint vers 1530), le Titien apparaît comme un précurseur de Rembrandt : la tête et la main du personnage s'enlèvent en lumière sur le vêtement sombre et sur le fond en y produisant l'effet le plus saisissant.

En regard de ces incontestables mérites, la critique a le devoir de signaler les lacunes. Souvent les héros du peintre vénitien posent trop visiblement ; ils ne se montrent pas dans la familiarité de leurs attitudes, dans l'intimité de leurs pensées. C'est que, sauf quand il s'agit de lumière et de couleur, l'art de caractériser et, d'une manière plus générale, l'observation objective constituent précisément le côté faible, le point vulnérable de ce grand virtuose. Son extrême facilité, cette assimilation parfois trop rapide pour être profonde et complète, sont une autre cause d'infériorité. Et puis, à tout instant, il sacrifie l'étude du caractère moral pour courir après quelque bel effet de lumière. On comprend qu'en risquant ce paradoxe, j'éprouve le besoin de me retrancher derrière l'autorité d'un des maîtres du portrait moderne. « Parmi les êtres peints par Holbein, Velasquez, Rembrandt, — c'est M. Carolus Duran qui parle ainsi, — il n'en est pas un qui ne semble être de votre intimité. On s'écrie malgré soi : il me semble que je le connais ! Comme ça doit être ressemblant ! » C'est que chacun de ces êtres a sa vie propre, sa tournure personnelle, en dehors des habitudes, des tendances plastiques de leur auteur. Titien, malgré ses admirables œuvres dans cet art, est comme une transition entre ces premiers et ceux pour qui l'intimité n'a pas été une loi. »

C'est surtout lorsqu'il s'agit de peindre le portrait officiel, avec le costume d'apparat, que le maître se trouve désorienté. C'est que, pour déployer toutes ses ressources, il a besoin d'une indépendance absolue. Prenez le portrait de l'impératrice Isabelle, épouse de Charles-Quint, au musée de Madrid : quelle raideur dans son attitude, quel embarras dans cette main ouverte sur un genou, dans l'autre qui tient un missel, quelle fadeur dans ces traits languissants ! Le portrait de la marquise Isabelle d'Este, au musée de Vienne, est encore plus maniéré si possible, On hésite à mettre sur le compte de cette femme, si célèbre pour son élégance, un accoutrement d'un aussi mauvais goût, et notamment ce turban qui frise le grotesque. Aussi bien les responsabilités respectives s'accusent-elles dans le dessin des mains : elles sont absolument manquées, et cela évidemment par la seule faute de l'artiste. Un troisième portrait, celui du doge Marcello, à la Pinacothèque du Vatican, n'offre pas moins de lacunes. Dans une autre toile enfin, où le maître s'est représenté en compagnie de sa fille Lavinia, ils ont l'air tous deux de poser pour une *Charité romaine.*

Il ne restait au Titien qu'un pas à franchir pour tomber dans un genre archi-faux, le portrait allégorique, dont la paternité semble bien devoir être attribuée aux peintres de Venise, car Lorenzo Lotto s'y essayait dès 1523, dans ses *Deux Fiancés couronnés par l'Amour.* Le Titien nous a gratifiés, dans ce domaine, d'une composition, aujourd'hui conservée au musée du Louvre : le marquis d'Avalos, sa femme Marie d'Aragon et leur fils, en compagnie des figures de la Victoire et de l'Hyménée, ou de Flore et Zéphire.

Remarquez cette gradation : d'abord les portraits de profil du XVe siècle, à la Pisanello, à la Piero della Francesca et à la Botticelli ; puis les portraits de face et à mi-corps (Léonard de Vinci) ; puis les portraits en pied, auxquels Raphaël ajouta toutes sortes d'accessoires destinés à compléter la caractéristique du héros. Les portraits de famille, le *Léon X* de Raphaël, entre ses neveux, les cardinaux Jules de Médicis et Rossi, le *Paul III* du Titien, entre ses petits-fils, marquent un progrès de plus ; mais ce n'est pas encore le dernier. Nous voyons naître le portrait équestre (le *Charles-Quint* du Titien) ; puis le portrait allégorique ; enfin, ce que l'on pourrait appeler le portrait de genre, en d'autres termes les personnages représentés, non plus posant tranquillement devant le peintre, mais vaquant à quelque occupation et comme surpris dans leur intérieur. Il n'a pas fallu moins d'un siècle à la peinture pour parcourir ces étapes.

Il me reste à parler du paysagiste. Le Titien, — il n'est pas permis d'en douter, — est un des créateurs du genre. La netteté, la décision, le parti pris qu'il apporte dans ses interprétations de la figure humaine, il les retrouve lorsqu'il s'attaque à la nature. Comme les sites qu'il déroule au fond de ses compositions sont plus vivants, plus grandioses, plus dramatiques, que ceux de ses prédécesseurs, soit vénitiens, soit ombriens ! Comme il s'entend à disposer les masses, à provoquer les contrastes, à mettre du mouvement dans les terrains qui se succèdent, animés et impétueux comme les vagues de la mer ! Un instant, ces montagnes déchiquetées, avec les maisons qui s'échafaudent les unes derrière les autres, m'ont induit à croire que le maître vénitien avait subi l'influence d'Albert Dürer, qui, dans ses dessins et ses gravures, a affectionné les mêmes motifs ; mais aucun doute n'est possible : de même que Léonard de Vinci, le Titien a pris pour modèles les rochers de dolomite du Frioul, ces rochers découpés en silhouettes étranges et pittoresques. Il sait d'ailleurs se passer, quand il le faut, et des montagnes et des lacs et des panoramas. Le site le plus modeste suffit à son ambition. Prenons son *Noli me tangere*, de la Galerie nationale de Londres : au centre, un pin d'Italie qui domine tout le paysage ; à droite, un coin de village, qui n'est nullement idéalisé ; au fond, la mer. Rien de plus vrai, rien de plus simple, sobre et grandiose.

Les dernières années du Titien s'écoulèrent heureuses, paisibles, au milieu d'unanimes témoignages de vénération. Le maître avait à la fois à faire face aux commandes du dehors, à ses obligations de peintre officiel, charge qui n'était pas précisément une sinécure, et aux exigences d'amis indiscrets, tels que l'Arétin ; aussi travailla-t-il jusqu'à la veille de sa mort.

Pour triompher de cette verte vieillesse, il ne fallut rien moins que la peste ; elle enleva le 27 août 1576, à l'âge de 99 ans, le vétéran de la peinture vénitienne. Après un désarroi facile à comprendre (Horace, le fils du Titien, ayant succombé en même temps, la maison restée déserte fut livrée au pillage), Venise tint à proclamer combien elle devait à son glorieux concitoyen. Malgré la violence de l'épidémie, elle lui fit les funérailles les plus solennelles ; les chanoines de Saint-Marc portèrent le cadavre en grande pompe, sur une gondole, dans l'église des Frari, où il fut enseveli dans le voisinage d'un de ses chefs-d'œuvre, la *Vierge de la maison Pesaro*. Ce n'est toutefois que dans notre siècle, de 1838 à 1852, qu'a pris naissance le monument qui marque la place où repose le plus grand des peintres vénitiens.

Section VIII

Cette esquisse de l'œuvre du Titien serait trop incomplète si nous n'essayions de déterminer ses qualités maîtresses par rapport aux Écoles florentine et romaine ; en un mot, si nous ne placions le prince des coloristes italiens du XVIe siècle en regard du prince des dessinateurs ; le Titien en face de Raphaël.

Ce qui frappe de prime abord chez Raphaël, c'est son incomparable loyauté, cette probité professionnelle qu'il pousse jusqu'aux dernières limites ; aucune difficulté de l'ordre technique, — perspective, anatomie, ordonnance, — ne l'effraie ; il les aborde de front et en triomphe de haute lutte. Le Titien, au contraire, sacrifie le modelé à l'effet d'ensemble ; il s'attache à une facture large autant que celle de son émule est serrée ; ses figures valent par contraste plutôt que par elles-mêmes. La préoccupation de la couleur en un mot l'emporte sans cesse chez lui sur la recherche de la structure même des êtres ou des objets.

S'agit-il de traduire des sentiments dramatiques, le chef de l'Ecole romaine et le chef de l'Ecole vénitienne s'élèvent à la même hauteur : l'*Assomption de la Vierge*, la *Mise au tombeau*, le *Saint Pierre martyr*, peuvent se mesurer, sans désavantage aucun, avec l'*Héliodore*, le *Sacrifice de Lystra*, *Saint Paul à l'Aréopage*, la *Vierge de Saint-Sixte*, la *Sainte Cécile*, les *Cinq Saints*, les *Marie sur l'escalier*. Mais quelle différence dans l'inspiration non moins que dans l'exécution ! Chez l'un, il y a plus de pathétique ; chez l'autre, plus d'élan ; chez l'un, une intelligence plus profonde et plus claire du cœur humain, une tendresse qui, pour être contenue, n'en touche que davantage ; chez l'autre, une imagination plus ardente et une interprétation plus passionnée. Chez l'un, l'action réside dans les personnages mêmes ; chez l'autre la nature se met de la partie, et l'on sait de reste quelle impression de tristesse, presque de terreur, le ciel orageux de la *Mise au tombeau* ajoute à l'effet de cette immortelle page.

Nous attachons-nous au vaste domaine de l'allégorie, Raphaël plane à cent lieues au-dessus de son rival ; il le distance par la profondeur et la richesse de l'invention, non moins que par la solidité et le sérieux de l'interprétation : partout il nous fait sentir une pensée nourrie et fortifiée par les études les plus variées, par les plus hautes spéculations.

J'en dirai autant des portraits de Raphaël comparés à ceux du Titien : quels inappréciables documents historiques ; bien plus, quels inappréciables documents humains que le *Jules II*, le *Léon X*, l'*Inghirami*, le *Bibbiena*, le *Balthazar Castiglione* ! La ressemblance physique, le caractère moral, et quelque chose même de l'air ambiant, y sont rendus avec une énergie et un éclat que l'on ne saurait rêver plus saisissants. C'est la nature prise sur le vif avec une inexorable précision. Les portraits du Titien, au contraire, comme j'ai essayé de le démontrer, reflètent les impressions propres de l'artiste, sa tendance à envisager le monde extérieur sous les couleurs les plus brillantes, sans aller au fond des choses, à se contenter de conventions mondaines, à préférer l'élégance à la vérité. Cela ne revient-il pas à dire que là où, soit les facultés de l'observation, soit celles de la réflexion, sont en jeu, Raphaël l'emporte, tandis que dans l'expression des sentiments et dans la mise en scène, le Titien peut sans trop de désavantage se mesurer avec son rival. Les ressources de cette mise en scène (le Titien n'est-il pas un des artistes qui ont le plus travaillé à l'avènement de l'art théâtral !), ces ressources, dis-je, lui sont tellement indispensables que, si vous le réduisez à ne peindre par exemple qu'une mère avec un enfant, immédiatement l'infériorité de sa caractéristique éclate au grand jour. Plusieurs de ses Madones n'ont cessé d'exciter l'admiration des connaisseurs : aucune n'est devenue populaire au même titre que la *Belle Jardinière*, la *Vierge à la chaise* ou la *Vierge de Saint Sixte*.

N'importe, aux yeux de tout historien il est manifeste que, la peinture vénitienne une fois incarnée dans le Titien, le salut, pour n'importe quelle école de la péninsule, fût-ce pour celle de Milan, qui maintint si longtemps le drapeau de Léonard de Vinci, ne pouvait plus venir que des enseignements d'un tel coryphée. Quel malheur que les Mécènes si libéraux qui peuplaient alors la Péninsule, — les papes, les ducs de Florence, de Ferrare, d'Urbin, — ne l'aient pas, coûte que coûte, fixé auprès d'eux, ou qu'ils n'aient pas appelé, à son défaut, un Véronèse, un Palma, un Bonifazio ! Les apparitions faites par ces maîtres à Rome, à Ferrare ou dans quelque autre ville, étaient trop courtes pour qu'ils pussent former des prosélytes. D'autre part, ceux de leurs compatriotes qui consentirent à s'expatrier, les Franco, les Pordenone, n'avaient pas un talent assez vigoureux pour agir sur leurs nouveaux concitoyens. Sebastiano del Piombo enfin, le mieux doué d'entre eux, péchait par une incurable indolence, qui l'empêcha de faire de la propagande. Ce furent donc les étrangers et non les Italiens, qui recueillirent le flambeau de l'art au moment où il allait s'échapper des mains du Titien. Qui ne sait à quel point Rubens et Van Dyck se sont inspirés de lui ! Ainsi, grâce à ce commerce, de jour en jour plus intime, de nation à nation, les conquêtes une fois réalisées par le chef de l'École vénitienne furent définitivement assurées à l'art. Jusque dans notre siècle, combien un Eugène Delacroix n'a-t-il pas dû à ce prodigieux virtuose de la couleur !

ISBN : 978-1718831568

www.ingramcontent.com/pod-product-compliance
Lightning Source LLC
Chambersburg PA
CBHW070138230526
45472CB00004B/1590